Tamara Rachbauer

Vorverständnis von wissenschaftlichen Texten

**Aufgabe 1 der Online-Vorphase im Modul 13 – Einführung in das wissen-
schaftliche Arbeiten**

GRIN Verlag

Bibliografische Information der Deutschen Nationalbibliothek:

Die Deutsche Bibliothek verzeichnet diese Publikation in der Deutschen National-
bibliografie; detaillierte bibliografische Daten sind im Internet über http://dnb.d-
nb.de/ abrufbar.

Impressum:

Copyright © 2014 GRIN Verlag GmbH
Druck und Bindung: Books on Demand GmbH, Norderstedt Germany
ISBN: 978-3-656-71425-5

Dieses Buch bei GRIN:

http://www.grin.com/de/e-book/278263/vorverstaendnis-von-wissenschaftlichen-
texten

Vorverständnis von wissenschaftlichen Texten

Arbeitsauftrag 1 der Online-Vorphase im Modul 13 – Einführung in das wissenschaftliche Arbeiten

vorgelegt von: *Tamara Rachbauer*

Inhaltsverzeichnis

1 Arbeitsauftrag 1 – Aktivierung des Vorverständnisses...1

 1.1 Wie kann ein wissenschaftlicher Text/Beitrag charakterisiert werden bzw. was sind Ausschließungsgründe?..1

  1.1.1 Prof. Dr. Axel Hoppe, MD.H München, erklärte uns wissenschaftliches Arbeiten anhand der vier Kriterien für wissenschaftliche Arbeiten nach Eco (1977):...........................1

  1.1.2 Im Buch, das mir beim Fachhochschulseminar „Wissenschaftliches Arbeiten" empfohlen wurde, beschreibt Peterßen (1996) wissenschaftliche(s) Arbeiten anhand dreier verschiedener Ansprüche...2

  1.1.3 AUFBAU von verschiedenen wissenschaftlichen ARBEITEN 3

 1.2 Woran können wissenschaftlich relevante/vertrauenswürdige Quellen erkannt werden bzw. was sind Ausschließungsgründe?...7

  1.2.1 Bei den Veröffentlichungen, die ich für meine Arbeiten verwende, überprüfe ich immer Folgendes:..7

  1.2.2 Ein dazu, meiner Meinung nach, sehr guter Online-Artikel von Karall und Weikert (2009), Institut für Kultur- und Sozialanthropologie der Universität Wien, zur Beurteilung von Quellen:..7

 1.3 Weitere Fragestellungen 9

  1.3.1 Oswin Kleinhans: Angenommen, eine Textpassage besteht aus 10 Sätzen mit etwa 100 Wörtern. Jemand kopiert diese Textpassage aus dem Internet und verändert in den meisten Sätzen die Wortstellung und in jedem Satz einige Wörter. Jedoch der Inhalt bleibt gleich. Weiters wird nicht auf die ursprüngliche Textpassage verwiesen. Spricht man jetzt von einem Plagiat? Könnte man einen Text so verändern, dass man nicht mehr auf die ursprüngliche Quelle verweisen braucht..9

  1.3.2 Mag. Edith Blaschitz: Quellen bzw. relevante Literatur nach gewissen Kategorien beurteilen. Welche Parameter könnten hier notwendig sein?......................................10

  1.3.3 Mag. Edith Blaschitz: Was tun, wenn mir ein Text begegnet, der Querverweise nicht erlaubt: Ein unbekannter Autor, unbekannter Verlag, etc. - muss ich ihn gleich zur Seite legen? 12

  1.3.4 Carsten Freundl: Ich arbeite bei T3. Wir sind ein Dienstleister für it-gestütztes Wissensmanagment und beschäftigen uns unter anderem auch mit der Erstellung von Technischer Dokumentation (=Gebrauchsanweisungen). Meine Frage ist nun: Handelt es sich bei hoch-komplexen Technischen Dokumentaitonen und deren Zusatzdokumenten, nicht auch um wissenschaftliche Texte? Mich würde Euere Meinung zu diesem Thema interessieren..13

Anhang..15

〈WDUHWL/

1 Arbeitsauftrag 1 – Aktivierung des Vorverständnisses

Die erste Diskussion dient der Aktivierung des Vorverständnisses von wissenschaftlichen Texten. Beantworten bzw. diskutieren Sie bitte folgende Fragen:

- Wie würden Sie einen wissenschaftlichen Text/Beitrag charakterisieren – welche Kriterien sollte er erfüllen, welchen Anspruch sollte er haben bzw. was sind Ausschließungsgründe (wenn Sie wissenschaftliche Quellen zitieren, nennen Sie die im Falle verwendeten Quellen)?

- Woran erkennen Sie wissenschaftlich relevante/vertrauenswürdige Quellen bzw. was sind Ausschließungsgründe?

Bei fehlenden Vorerfahrungen recherchieren Sie bitte die genannten Fragestellungen..

1.1 Wie kann ein wissenschaftlicher Text/Beitrag charakterisiert werden bzw. was sind Ausschließungsgründe?

Mein Beitrag:

Mein Vorverständnis von wissenschaftlichen Texten habe ich in meinem Bachelorstudium durch die Teilnahme eines Fachhochschulseminars „Wissenschaftliches Arbeiten" und durch das Erarbeiten der abschließenden Bachelorarbeit erhalten.

Aus eigener Erfahrung (Fachhochschulseminar und Bachelorarbeit fanden an zwei verschiedenen Fachhochschulen statt) möchte ich hier anführen, dass es sehr wohl bestimmte Regeln für wissenschaftliches Arbeiten gibt, es aber sehr wichtig ist, dass man die Konventionen der jeweiligen Universität oder Hochschule bzw. der jeweiligen DozentInnen erfragt, um unnötige Probleme von vorneherein auszuschließen.

1.1.1 Ein Professor an der MD.H München erklärte uns wissenschaftliches Arbeiten anhand der vier Kriterien für wissenschaftliche Arbeiten nach Eco (1977):

1. „Die Untersuchung behandelt einen erkennbaren Gegenstand, der so genau umrissen ist, dass er auch für Dritte erkennbar ist."

Eine wissenschaftliche Arbeit sollte also den behandelten Gegenstand so exakt beschreiben, dass auch andere, die die Arbeit nicht ohnehin schon vom Diskutieren, vom Korrekturlesen, oder andren Beschäftigungen kennen, nachvollziehen können, worum es geht. korrekter Titel und ein gut gegliederte Verzeichnisse sind dabei sehr hilfreich

2. „Die Untersuchung muss über diesen Gegenstand Dinge sagen, die noch nicht gesagt worden sind, oder sie muss Dinge, die schon gesagt worden sind, aus einem neuen Blickwinkel sehen."

- Innovation heißt nicht „noch nie da gewesen"

- kann auch in der Form der Aufarbeitung liegen, etwa bei Referaten

- wichtig: Der Zuhörer/Leser darf nie die Sinnfrage stellen

3. „Die Untersuchung muss für andere von Nutzen sein."

- Wiedergabe von ausschließlich Bekanntem ist niemandem von Nutzen

- ebenso Arbeiten, die nichts zum eigentlichen Thema beitragen

4. *„Die Untersuchung muss jene Angaben enthalten, die es ermöglichen nachzuprüfen, ob ihre Hypothesen falsch oder richtig sind, sie muss also die Angaben enthalten, die es ermöglichen, die Auseinandersetzung in der wissenschaftlichen Öffentlichkeit fortzusetzen. "*

- korrektes Zitieren und Nachweisen von Quellen

- Also: Was sich der Autor nicht selbst zusammengereimt hat, muss er mit einem Quellennachweis versehen und so kenntlich machen, dass andere sofort sehen, woher diese Aussagen stammen

1.1.2 Im Buch, das mir beim Fachhochschulseminar „Wissenschaftliches Arbeiten" empfohlen wurde, beschreibt Peterßen (1996) wissenschaftliche(s) Arbeiten anhand dreier verschiedener Ansprüche

1. moralischer Anspruch

- „intellektuelle Redlichkeit"

- Wahrheit ist oberste Tugend

- von anderen übernommene Ideen immer als solche kennzeichnen

- Vorsätzliche Fälschungen und Plagiate werden erkannt

2. technischer Anspruch ergibt sich aus

- Objektivität

  ▪ Objektivität ist nach Peterßen (1996) „Intersubjektivität":

  ▪ die gemachte Aussage muss für jeden überprüfbar sein

  ▪ Nachvollziehbarkeit hinsichtlich ihrer Ausgangslage sowie ihres Zustandekommens in allen Schritten

  ▪ jeder, der, von derselben Ausgangslage ausgehend, denselben Weg in derselben Weise beschreitet, auch das selbe Ergebnis ergibt

  ▪ das verlangt korrekten Umgang mit den in der Arbeit verwendeten Quellen, also exakte Angaben zu Herkunft, Art und Qualität

- Reliabilität (Zuverlässigkeit)

  ▪ Verwendete Verfahren müssen bei Wiederholung genau dieselben Ergebnisse liefern

- es muss klar erkennbar sein, wo es sich um zuverlässige Tatsachen oder nicht unbedingt nachprüfbare Meinungen und Vermutungen handelt

- Validität (Gültigkeit)

  - bezieht sich auf das Thema der Arbeit

  - Es muss in der Arbeit auch tatsächlich das behandelt werden, was der Titel und das Thema vorgeben

  - Die Arbeit soll nur Antworten auf die sich aus dem Thema ergebenden Fragen geben

3. **stilistischer Anspruch**

  - Anforderungen an den sprachlichen Stil und die schriftliche Gestaltung des Textes

  - es gibt zwar gewisse Freiräume für die individuelle Gestaltung, aber immer gemäß der Grundsätze: Übersichtlichkeit und Verständlichkeit – hochtrabender Fachjargon ist genauso fehl am Platz wie Dialekt oder Szeneslang

  - klarer sachlicher Stil

  - typographische Gestaltung der Arbeit bezüglich Sachlichkeit und Übersichtlichkeit

1.1.3   AUFBAU von verschiedenen wissenschaftlichen ARBEITEN

AUFBAU BACHELORARBEIT ODER DISSERTATION

Titelblatt

- exakter, vollständiger Titel

- vollständiger Name des Autors

- Name des Betreuers

- Angaben zum Fachbereich/Institut

- Abgabetermin

Zusammenfassung

- fünf bis zehn Sätze über den grundlegenden Inhalt bzw.

- die Kernproblematik der vorliegenden Arbeit

Eidesstattliche Erklärung

- dokumentiert mit der persönlichen Unterschrift die Redlichkeit der Arbeit

- handschriftlich zu unterzeichnen

- In der Erklärung wird versichert, dass die Arbeit eigenständig und ohne fremde Hilfe angefertigt wurde.

Vorwort (optional)

- Platz für „persönliche Note"

- Danksagungen

Inhaltsverzeichnis

- gibt den Aufbau der Arbeit wieder

- wichtigster Bestandteil ist die systematische Gliederung des Hauptteiles

- ist die Gliederungsform nicht vorgeschrieben, kann der Stil selbst gewählt werden

- gängig – wohl wegen der übersichtlichen Struktur – ist die Dezimalklassifikation

Textteil

- alle Punkte des Hauptteils sind auch Teil der Gliederung; eine gute Gliederung ist niemals tiefer verschachtelt als bis zur 3. Ebene

- Einleitung (Worum geht es? Was sind die Hauptprobleme, was sind die Knackpunkte der Lösung?)

- Beschreibung des Gegenstandsbereichs (Wo ist das Problem einzuordnen? Und in diesem Zusammenhang: Was ist das Problem – warum ist es eines, das gelöst werden muss?

- Theoretisches Konzept der Problemlösung

- Praktische Aspekte der Problemlösung, Umsetzung

- Kritische Diskussion der Ergebnisse und Ausblick

Verzeichnisse

- Literaturverzeichnis

  - alle Medien aufführen, die für die Erstellung der Arbeit verwendet wurden

  - schlecht: Aufbauschen der Arbeit mit langer Literaturliste, die Werke enthält, die gar nicht zur Hand genommen wurden

  - schlecht: Weglassen von Titeln, um Plagiate zu vertuschen

- Abbildungsverzeichnis

- Tabellenverzeichnis

Anhänge

• ergänzendes Bildmaterial,

• textuelles Material, das den Rahmen der Ausarbeitung sprengen würde

• als separate Ausarbeitung, etwa in einem eigenen Buch oder als CD beilegen, z. B. Quelltext

AUFBAU REFERAT, DOKUMENTATION, STUDIENARBEIT

• Titelblatt

• Inhaltsverzeichnis

• Textteil

   – Zusammenfassung/Überblick

   – Schilderung der Sachverhalte

   – Resümee

• Literatur-Verzeichnis oder Quellverzeichnis

Mein Beitrag:

Ich denke, dass Ecos Vorgaben auch für den Bereich Bildungswissenschaften gelten, da es sich, meiner Meinung nach, bei seinen Vorgaben um generelle Anforderungen an wissenschaftliche Arbeiten unabhängig vom Bereich handelt.

Hier möchte ich noch einen Auszug aus einem Studienskriptum der Pädagogischen Hochschule Steiermark (Bildungs- und Erziehungswissenschaften) anführen (vgl. Hultsch, 2007):

In seinem Buch „Wie man eine wissenschaftliche Abschlussarbeit schreibt" gibt Umberto Eco vier Faustregeln:

1. „Das Thema soll den Interessen des Kandidaten entsprechen (sei es, dass es mit seinen Prüfungsfächern zusammenhängt, sei es mit der Literatur, die er gelesen hat, sei es mit der politischen, kulturellen oder religiösen Umgebung, in der er lebt);

2. Die Quellen, die herangezogen werden müssen, sollen für den Kandidaten auffindbar sein, d.h. sie müssen ihm tatsächlich zugänglich sein;

3. Der Kandidat soll mit den Quellen, die herangezogen werden müssen, umgehen können; d.h. sie müssen seinem kulturellen Horizont entsprechen;

4. Die methodischen Ansprüche des Forschungsvorhabens müssen dem Erfahrungsbereich des Kandidaten entsprechen.

So formuliert scheinen die vier Regeln banal und nicht mehr zu enthalten als die Aussage, dass, **„wer eine Abschlussarbeit schreiben will, eine schreiben soll, die er schreiben kann".** Genauso aber ist es, und es gibt Arbeiten, die auf dramatische Weise misslingen, weil es nicht gelungen ist, sich die Probleme schon am Anfang anhand dieser so offensichtlichen Kriterien klar zu machen.

Auch die Wirtschaftsuniversität Wien, Abteilung Bildungswissenschaft, gibt bei den Richtlinien zum wissenschaftlichen Arbeiten Umberto Ecos Buch als Quelle an (siehe http://www.wu.ac.at/bildungswissenschaft/studinfo/masterarbeiten_und_diplomarbeiten/richtl inien).

Die Ruhr-Universität Bochum, Vergleichende Erziehungswissenschaft, gibt bei den Literatur-empfehlungen ebenfalls Umberto Ecos Buch an (siehe http://www.ruhr-uni-bochum.de/ve/literatur.htm)

Die Technische Universität Chemnitz, Allgemeine Erziehungswissenschaft, zitiert bei „Einleitung und Konventionen wissenschaftlichen Arbeitens" ebenfalls Umberto Eco (siehe http://www.tu-chemnitz.de/phil/ipp/erzwiss/dokumente/Gestaltungshinweise.pdf)

Dies sind nur einige Beispiele, bei denen Universitäten und Hochschulen im Bereich Bildungs- und Erziehungswissenschaften, Umberto Eco zitieren bzw. als Literaturempfehlung zum wissen-schaftlichen Arbeiten angeben.

1.2 Woran können wissenschaftlich relevante/vertrauenswürdige Quellen erkannt werden bzw. was sind Ausschließungsgründe?

Mein Beitrag:

Ob eine Quelle relevant/vertrauenswürdig ist, hängt meiner Meinung nach stark davon ab, wo diese veröffentlicht worden ist. Schreibe ich z. B. einen wissenschaftlichen Beitrag verwende ich bei meinen Recherchen zum Thema passende Fachzeitschriften, Fachzeitungen oder Bücher anerkannter Fachverlage oder aus der Studienbibliothek und sicherlich keine Artikel aus Boulevard-Zeitschriften. Bei Nutzung des Internets wird das Ganze schon schwieriger. Es gibt unzählige Informationen und Artikel zu verschiedensten Bereichen, nur ob diese alle glaubwürdig sind, ist eine ganz andere Sache. Da es sich oft um selbst erstellte Veröffentlichungen handelt, die kaum einer Fachprüfung unterzogen werden, müssen diese besonders aufmerksam auf ihre Vertrauenswürdigkeit und Zitierfähigkeit geprüft werden. Mit einem besseren Gefühl (überprüfen muss man trotzdem alle Arbeiten, die man verwendet) verwenden kann man Arbeiten (Dissertationen, Fachbereichsarbeiten, Studienarbeiten etc), die man auf der jeweiligen Universitätsseite finden und herunterladen kann oder wenn man in wissenschaftlichen Datenbanken von Studienbibliotheken recherchiert.

1.2.1 Bei den Veröffentlichungen, die ich für meine Arbeiten verwende, überprüfe ich immer Folgendes:

• Existiert ein Literaturverzeichnis und sind dort alle Quellen genau und nachvollziehbar vorzufinden und öffentlich zugänglich (Ausschließungsgründe sind für mich nicht mehr existierende oder nicht allgemein zugängliche Quellen, da ich die daraus zitierten Aussagen nicht mehr überprüfen kann)

• Sind genaue Angaben über die jeweiligen AutorInnen/VerfasserInnen vorhanden (über diese Angaben kann man nach deren „wissenschaftlichen" Background recherchieren)

• Sind Zitate und Verweise vorhanden (subjektive Meinungen oder Annahmen, die nicht beweisbar sind wären für mich ebenso Ausschließungsgründe)

1.2.2 Ein dazu, meiner Meinung nach, sehr guter Online-Artikel von Karall und Weikert (2009), Institut für Kultur- und Sozialanthropologie der Universität Wien, zur Beurteilung von Quellen:

Als Primärquelle zur weiteren Aufarbeitung (zum Beispiel durch Diskursanalyse, Inhaltsanalyse) ist nahezu jedes Material zulässig. Dieses Material ist somit Teil des Untersuchungsgegenstandes.

Bei Literatur, die in der eigenen Arbeit zitiert werden soll, gilt es hingegen zu hinterfragen, ob diese Quelle wirklich geeignet für die Verwendung in einer wissenschaftlichen Arbeit ist.

Generell muss eine wissenschaftliche Quelle

1. allgemein zugänglich und nachvollziehbar sein

Da alle verwendeten Quellen für den/die Leser/in nachvollziehbar sein müssen, müssen sie nicht nur im Text zitiert und im Literaturverzeichnis angeführt werden, sondern auch öffentlich zugänglich sein. Das trifft auf Zeitschriften, Bücher und wissenschaftliche Abschlussarbeiten zu, die zumindest über die Fernleihe einer wissenschaftlichen Bibliothek bezogen werden können. Achtung: bei Diplomarbeiten ist das nicht immer der Fall.

Seminararbeiten, interne Berichte, unveröffentlichte Forschungsergebnisse, firmenspezifische Daten etc. erfüllen diese Kriterien nicht. Auch Internetquellen sind problematisch, vor allem, wenn es sich nicht um elektronische Journale handelt, sondern um einfache Websites.

Schlecht oder nicht zugängliche Quellen, deren Verwendung aber unbedingt nötig ist, sollten zumindest dem/r BetreuerIn beziehungsweise wenn möglich auch im Anhang der Arbeit zur Verfügung gestellt werden.

2. bestimmten Qualitätskriterien entsprechen

Ob ein Werk wissenschaftlichen Qualitätskriterien entspricht und außerdem konkret als Quelle für die eigene Arbeit in Frage kommt (Aktualität, Relevanz, Forschungsfrage), lässt sich nur im Einzelfall bestimmen. Es gibt dennoch gewissen Orientierungslinien:

- Wissenschaftliche Forschungsergebnisse oder Erkenntnisse, die als Monographie oder als Artikel in einem Sammelband veröffentlicht werden, sind prinzipiell ebenso vertrauenswürdige Quellen wie Dissertationen oder Habilitationsschriften.

- Wissenschaftliche Fachzeitschriften (egal ob gedruckt oder im Netz, wenn die elektronische Zeitschrift ein entsprechendes Renommee hat und in der Scientific Community anerkannt ist) zählen ebenso dazu.

- Anhand der Bibliographie eines Werkes lässt sich oft einschätzen, ob eine Arbeit aktuell ist und dem Stand der Forschung entspricht.

- Hilfreich kann es auch sein, über die Reputation der/des AutorIn Bescheid zu wissen und Fachrezensionen zu lesen.

- Sachbücher und Ratgeber, die zwar von WissenschafterInnen geschrieben sind, sich aber an ein breites Publikum richten, entsprechen wissenschaftlichen Qualitätskriterien in Normalfall nicht. In den meisten Fällen ist darin auch die Quellentransparenz nicht gegeben. (Es wird darin auf Grund der leichteren Lesbarkeit meist auf Zitate und Verweise verzichtet.)

- Auch die Qualitätspresse (und umso mehr die Boulevardpresse) beinhaltet aus ähnlichen Gründen meist keine uneingeschränkt verwendbaren Quellen (Artikel, Kommentare, Analysen).

Mein Beitrag:

Auch bei einem Internet-Blog als Quelle treffen, meiner Meinung nach, dieselben Kriterien zu wie bei allen anderen Quellen auch.

Bei wissenschaftlichen Veröffentlichungen, bei denen überwiegend aus Blogs zitiert wird, werden die Ansprüche, die an eine wissenschaftliche Arbeit gestellt werden, nicht unbedingt erfüllen. Ich versuche, wenn möglich, beim Recherchieren immer zuerst auf „gedruckte" Fachpublikationen zurückzugreifen. Gedruckte deshalb unter Anführungszeichen, da man in Büchern inzwischen auch bestens online über z. B. google books oder wissenschaftliche Online-Recherchedatenbanken forschen kann. Sind die Themen aber hochaktuell (keine oder nur wenig

Fachpublikationen vorhanden) oder beziehen sich auf Internetthemen z. B. User Generated Content (war das Thema einer Seminararbeit in meinem Bachelorstudium), machen Verweise und Zitate aus Blogs und Wikis durchaus Sinn. Und auch hier sollte man sich über den „wissenschaftlichen" Background des Blogautors/ der Blogautorin informieren. Wenn es sich um einen Blogeintrag eines Dozenten/einer Dozentin handelt, werde ich diesen eher verwenden als einen Eintrag eines anonymen Autors/Autorin.

Wie man einen Blog richtig zitiert, da streiten sich die Geister (gab im Bachelorstudium wochenlange Diskussionen). Daher möchte ich hier einen meiner Meinung nach, annehmbaren Zitierstil kurz vorstellen:

So sollte ein korrektes Blogzitat nach Karen (2007) aussehen:

- Den Namen des Autors,

- die Jahreszahl in Klammern,

- den Titel des zitierten Blogartikels,

- Name des Weblogs (ergänzt durch den Hinweis in eckigen Klammern, dass es sich um ein Weblog handelt),

- das Datum der Veröffentlichung / Einstelldatum,

- den Permalink,

- das Abrufdatum.

1.3 Weitere Fragestellungen

1.3.1 **Eine weitere Fragestellung lautete: Angenommen, eine Textpassage besteht aus 10 Sätzen mit etwa 100 Wörtern. Jemand kopiert diese Textpassage aus dem Internet und verändert in den meisten Sätzen die Wortstellung und in jedem Satz einige Wörter. Jedoch der Inhalt bleibt gleich. Weiters wird nicht auf die ursprüngliche Textpassage verwiesen. Spricht man jetzt von einem Plagiat? Könnte man einen Text so verändern, dass man nicht mehr auf die ursprüngliche Quelle verweisen braucht**

Meine Antwort:

also, ich denke, dass man hier auf alle Fälle von einem Plagiat sprechen kann, wenn nicht auf den ursprünglichen Text verwiesen wurde. Denn hier gibt es, so wie ich das gelernt habe, eindeutige Kriterien. Bei einem direkten Zitat verwendet man Anführungszeichen und gibt die genaue Quelle an, z.B. mit **nach** Mustermann (2006) oder **laut** Mustermann (2006). Wird der Text mit eigenen Worten umgeschrieben, wobei der Inhalt aber gleich bleibt, verwendet man **vgl.** Mustermann (2006) oder **siehe** Mustermann (2006) und gibt ebenfalls im Literaturverzeichnis die ursprüngliche Quelle an.

Zu Deiner letzten Frage: Ich denke, dass man sicherlich einen Text so verändern könnte, dass man nicht mehr auf die ursprüngliche Quelle verweisen braucht, glaube aber, dass dies schon mehr Aufwand ist, als wenn man sich selbst Gedanken zum Thema macht und einen eigenen Text verfasst.

Fragen zum Thema Plagiate waren auch bei meinem Bachelorstudium heiß diskutiert. Unsere DozentInnen haben uns darauf hingewiesen, dass die Hochschulen und Universitäten eigene Plagiat-Finder zum Einsatz bringen, um herauszufinden, ob Textpassagen von anderen VerfasserInnen kopiert wurden.

Hierzu einige Links zu Plagiat-Findern:

- http://www.docoloc.de/ - zu docloc gibt es eine kurze Erklärung unter: http://futurezone.orf.at/stories/120557/

- http://www.ephorus.de/start

- http://www.plagiarismfinder.de/

Plagiate von Offline-Quellen (und auch das kommt sehr häufig vor) sind höchstwahrscheinlich weit schwerer herauszufinden, vor allem, wenn es sich um sehr alte noch nicht digitalisierte Quellen handelt. Das heißt, Copy&Paste-SünderInnen ohne Angabe der Quellen sind wesentlich schneller aufgedeckt als zu früheren Zeiten ;-)

1.3.2 Welche Parameter könnten zum Beurteilen der Quellen und relevanter Literatur nach gewissen Kategorien notwendig sein?

Mein Beitrag:

Es gibt hierzu eine umfangreiche Auflistung von Kriterien zur Beurteilung von Internetquellen (dies trifft, meiner Meinung nach, genauso auf alle anderen Quellen zu).

Eine von mir modifizierte Version nach Dr. Kuhn (2005)

Die 10 Gebote zur Beurteilung von Online- und Offline-Quellen

1. Im Idealfall (=Sonderfall) kennt man sich auf dem Detailgebiet, mit dem sich der Text beschäftigt so gut aus, das man diesen selbst beurteilen kann.

2. Falls man auf dem Detailgebiet nicht so bewandert ist, dafür aber die AutorInnen bekannt sind, erfolgt eine Beurteilung des Textes bezüglich der AutorInnen (wenn es sich um bekannte Persönlichkeiten aus dem wissenschaftlichen Bereich handelt, wird der Text sicher mehr Gewicht haben als der von auf diesem Gebiet eher unbekannten AutorInnen).

3. Weiters gilt es die formale Korrektheit des Textes zu untersuchen: Belegen die AutorInnen alles zu Belegende durch Angabe von Quellen und/oder Sekundärliteratur?

4. Um zu überprüfen, ob die zitierten Quellen, auf die sich die AutorInnen beziehen, als Belege für deren Thesen geeignet sind, sollten fünf bis zehn leicht zu erreichende Quellen überprüft werden. Wenn diese zitierten Quellen geeignet sind, sollte eine Stichprobe von 20 solchen Belegen ausgewählt und mithilfe von Katalogen, Datenbanken, gedruckten Bibliographien etc. überprüft werden, ob das, was angeführt ist, auch existiert und die bibliographische Beschreibung zutreffend ist.

5. Als nächstes gilt es zu überprüfen, ob es von den entsprechenden AutorInnen weitere Texte zum Thema der zu beurteilenden Arbeit gibt und ob es sich um das Fachgebiet handelt und man somit fundierte Kenntnisse erwarten kann.

6. Ebenso kann mit geeigneten Suchmaschinen überprüft werden, wie häufig auf das zu beurteilende Dokument verlinkt wurde bzw. ob von vertrauenswürdigen Personen oder Institutionen darauf verlinkt wurde, und was diese zum Inhalt sagen.

7. Auch gilt es den „Status" des Dokuments zu überprüfen, z. B. in absteigender Ordnung der „Vertrauenswürdigkeit":

   a) Handelt es sich um die eVersion eines Beitrags, der genauso oder fast genauso in einer „gut" bekannten Zeitschrift oder in den Akten eines von einer vertrauenswürdigen Institution organisierten Kongresses erschienen ist.

   b) Handelt es sich um die eVersion eines Beitrags, der genauso oder fast genauso in einer Zeitschrift oder in den Akten eines Kongresses erschienen ist oder erscheint, die einem unbekannt sind.

   c) Habilitationsarbeit (kann je nach Fach und Institution auch sehr deutlich höher auf die „Vertrauesnwürdigkeits"-Liste gehören!!!)

   d) Doktorarbeit (kann je nach Fach und Institution auch deutlich höher auf die „Vertrauesnwürdigkeits"-Liste gehören!!!)

   e) Sonstige Monographie von einschlägigen Fachgelehrten (kann je nach Fach und Institution auch deutlich höher auf die „Vertrauesnwürdigkeits"-Liste gehören!!!)

   f) Vorabversion eines Kongress- oder Zeitschriften-Beitrags in einem provisorischen Stadium (z.B.: Vortrag wird auf Kongress gehalten)

   g) Magisterarbeit (kann je nach Fach und Institution auch etwas höher auf die „Vertrauesnwürdigkeits"-Liste gehören)

   h) Text einer universitären Vorlesung oder dergleichen

   i) Ober- oder Hauptseminararbeit

   j) Kursunterlagen für Lehrveranstaltung

   k) Beitrag zu fachspezifischer eMail-Liste

   l) Proseminararbeit, Paper für Tutorial oder dergleichen

   m) Beitrag zu einer fachspezifischen Newsgroup

   n) Beitrag zu einem fachspezifischen Forum

   o) Beitrag zu einem fachspezifischen WebLog

   p) Beitrag zu sonstiger eMail-Liste

q) Beitrag zu sonstiger Newsgroup

r) Beitrag zu sonstigem Forum

s) Beitrag zu sonstigem Blog

t) sonstige Ressource

8. Es sollte überprüft werden, ob die AutorInnen in einer entsprechenden Funktion einer Institution angehören, welche für ein gewisses Minimum an akademischem Niveau der Texte ihrer MitarbeiterInnen bürgen kann (z. B. renommierte Universitäten und Forschungseinrichtungen).

9. Zu bedenken ist, ob das Dokument eines ist, welches dem Ruf der AutorInnen ernsthaften und dauerhaften Schaden zufügen kann, und ob dies die AutorInnen stören würde. **(Nota bene: die ganze obige Reihenfolge beruht zu nicht geringem Teil auf der Überlegung einem wie hohen Risiko eingehender und detail-fachlich kompetenter Kritik der entsprechende Text ausgesetzt ist bzw. war)**

10. Als letzte Regel gilt es zu beachten, auch die Aktualität des Dokuments in die Überlegungen mit einzubeziehen.

Mit diesen 10 Geboten sollte man auf der sicheren Seite sein. Mir haben sie schon einige Male bei wissenschaftlichen Publikationen geholfen.

1.3.3 Was muss man tun, wenn der Autor oder Verlag nicht bekannt ist?

Mein Beitrag:

Sollte ein(e) Autor/In oder Verfasser/in nun wirklich unbekannt sein, zitiert man diesen, meines Wissens, mit N.N. (nomen nesico, lat. den Namen kenne ich nicht), bei einem unbekannten Erscheinungsort verwendet man o.O. (ohne Ortsangabe), bei unbekanntem Erscheinungsjahr o.J. (ohne Jahresangabe).

Bei wenig bekannten AutorInnen oder Verfasser/Innen kommt es, denke ich, darauf an, für welchen wissenschaftlichen Bereich ich eine Arbeit schreibe. Vor allem in den neueren Studienrichtungen wie z. B. eEducation gibt es sicherlich genügend, den wissenschaftlichen Qualitätskriterien entsprechenden, Quellen, auf die man zurückgreifen kann.

Im geschichtlichen Bereich sieht die Sache wieder ganz anders aus. Einerseits sind viele der Originalquellen in verschiedenen Kriegswirren verloren gegangen, andererseits stammen zahlreiche Dokumente und Texte aus alten Büchern mit teilweise ungenauen oder gar keinen Quellenangaben.

Hier kann ich aus eigener Erfahrung berichten, als ich für die Braunauer Zeitgeschichte-Tage eine Arbeit über den Diplomaten, Journalisten, Rechts- und Staatswissenschafter Egon Ranshofen-Wertheimer, verfasst habe. Da über Egon Ranshofen-Wertheimer selbst keine Bücher geschrieben wurden, musste ich vielfach auf Zeitungsartikel aus englischen, amerikanischen und deutschen Zeitungen und Zeitschriften zurückgreifen (meistens ohne Angabe der AutorInnen). Die großen Fragen: kann ich diese Quellen in einer wissenschaftlichen Arbeit verwenden? Wahrheitsgehalt der Aussagen? Querverweise? Es existierten viele mündliche Überlieferungen, die schriftlich festgehalten worden sind (Vermutungen und Hörensagen, also schwierig in wissenschaftlichen Abahndlungen zu verwenden). Hunderte Briefe von Egon Ranshofen-Wertheimer selbst, seiner Familie und seinen Freunden konnte ich einsehen (entsprechen diese wissenschaftlichen Kriterien?). Hier bin ich einige Male an meine Grenzen gestoßen. Die Suche nach Querverweisen (Anfragen bei verschiedenen Behörden, UNO, Botschaften, Kriegsarchiven, Regierungsstellen, Universitäten, Schulen), um die oben genannten Quellen auf ihren Wahrheitsgewalt überprüfen und somit verwenden zu können, erforderte wesentlich mehr Aufwand und Zeit als das Schreiben der Arbeit selbst.

Das Recherchieren, Analysieren und Auswerten der Materialien, die ich für die Bachelorarbeit im Bereich Ingenieurwissenschaften und Informatik verwendet habe, war im Vergleich zur geschichtlichen Arbeit wesentlich leichter, da auch hier genügend Quellen vorhanden waren, welche den wissenschaftlichen Qualitätskriterien entsprachen.

1.3.4 Handelt es sich bei technischen Dokumentationen um wissenschaftliche Texte?

Mein Beitrag:

Auch diese Frage, glaube ich, ist wieder nicht mit einem einfachen "Ja" oder "Nein" zu beantworten.

Es gibt durchaus wissenschaftlich-technische Dokumentationen, wie z.B. nachfolgendes Buch bezeugt: Behrends, E., 1995. **Technisch-wissenschaftliche Dokumentation in Deutschland von 1990 bis 1945**: Unter besonderer Berücksichtigung des Verhältnisses von Bibliothek und Dokumentation, Harrassowitz, O.

An der Uni Hildesheim gibt es ein eigenes Modul zum Thema: **Wissenschaftliche Grundlagen der Technischen Dokumentation** http://www.uni-hildesheim.de/~beneke/SS04/TDSoSe04.html

Und ganz zu schweigen davon, dass es auch einen Masterstudiengang „Technische Redaktion und Wissenskommunikation" an der Hochschule Merseburg(FH) gibt. Technische Redakteurinnen/Redakteure arbeiten als Angestellte, Selbständige oder Freiberufler in Dokumentationsabteilungen unterschiedlicher Industriebereiche oder bei Dienstleistungsfirmen.

Besonders interessant vielleicht auch der Hinweis auf folgende Diplomarbeit (eine interaktive Bedienungsanleitung!) auf der Webseite http://www.institut-wv.de/5137.html:

Interaktive Bedienungsanleitung des Duschsystems „Grohtherm Wireless", Diplomarbeit von Nils Brüsehaber, Betreuer: Rolf Kamphaus, Grohe AG; Prof. Kerstin Alexander, HS Merseburg

Das heißt, es kommt darauf, um welche Art von technischer Dokumentation es sich handelt.

Scheibl, 1995 unterscheidet dabei:

- **Entwicklungsdokumentation**: Im Bereich der Entwicklungsdokumentation werden die Aufgabenbeschreibungen, die Beschreibung der Lösungswege bzw. Alternativen und die Darstellung der Hilfsmittel, die zur Lösung herangezogen werden, festgehalten.

- **Produktdokumentation**: Die Produktdokumentation beinhaltet beispielsweise Informationen zur Übersichtsbeschreibung und zur Programmbeschreibung, worunter die Darstellung des Programmablaufs und des zu Grunde liegenden Datenmodells zu verstehen sind.

- **Benutzerdokumentation:** Der Bereich der Benutzerdokumentation behandelt Anleitungen für den Betrieb des Produktes – z.B. das Benutzerhandbuch, Unterlagen für die Wartung wie Instandhaltungsvorschriften, Schulungsunterlagen und Vertriebsunterlagen.

Quelle: Scheibl, H., 1995. Wie dokumentiere ich ein DV- Projekt? Dokumentationsverfahren in Theorie und Praxis, Expert-Verlag GmbH.

Einfachste Gebrauchsanweisungen werden wohl nicht zu den wissenschaftlichen Arbeiten zählen. In Deinem konkreten Fall dürfte es sich um technisch-wissenschaftliche Dokumentationen handeln.

Anhang
Kriterien des wissenschaftlichen Arbeitens

Anspruch

- Ein wissenschaftlicher Text hat eine klare Zielformulierung und macht zu Beginn deutlich, um welches Thema bzw. welche Frage in diesem Werk beantwortet bzw. erforscht werden soll.

- Die Untersuchung muss über den Forschungsgegenstand Dinge sagen, die noch nicht gesagt worden sind, oder sie muss Dinge, die schon gesagt worden sind, aus einem neuen Blickwinkel sehen.

- Zielgruppe: Neu gewonnene Ergebnisse werden FachexpertInnen (Scientific Community) zur Diskussion gestellt

- Die Untersuchung muss für andere von Nutzen sein (Wiedergabe von ausschließlich Bekanntem ist niemandem von Nutzen, ebenso Arbeiten, die nichts zum eigentlichen Thema beitragen)

- Moralischer Anspruch: intellektuelle Redlichkeit (übernommene Ideen werden gekennzeichnet, keine Plagiate)

Offene Fragen:

- Wie kann „Populärwissenschaftliches" / „Pseudowissenschaftliches" abgegrenzt bzw. erkannt werden?

Nachvollziehbarkeit

Inhalt des erarbeiteten Textes muss nachvollziehbar sein, Argumente müssen verstehbar und nachprüfbar sein

Gewährleistet durch:

- Die Untersuchung behandelt einen erkennbaren Gegenstand, der so genau umrissen ist, dass er auch für Dritte erkennbar ist (Ausgangssituation, Untersuchungsmethode, Untersuchungsvorgang, abgeleitete Schlussfolgerungen).

- Thesen werden nachvollziehbar begründet und argumentiert

- Argumente werden klar begründet, zusammenhängend und strukturiert bzw. mit Quellen belegt dargestellt

- von anderen Autor/inn/en übernommene Daten, Aussagen, Gedankengänge, Argumente, Standpunkte, Theorien etc. werden als solche gekennzeichnet

- Klare Strukturierung des wissenschaftlichen Textes (klarer, logischer Aufbau)

Objektivität

wertefreier Inhalt, die Problemstellung/das Thema wird (möglichst) objektiv betrachtet.

Gewährleistet durch:

- Beweisführung und Genauigkeit bei der Auswertung des Materials

- Bezüge zu Aussagen anderer Wissenschaftler oder zu bekannten Theorien werden aufgenommen

- nicht nachprüfbare Behauptungen, Meinungen und Vermutungen werden nicht verwendet

Wissenschaftliche Sprache

ist charakterisiert durch:

- Die Sprache der Disziplin (fachspezifische Terminologie) wird verwendet

- Klarer, sachlicher Stil

- neutrale Sprache

- Übersichtlichkeit und Verständlichkeit

- nicht verwendet werden: Appelle, Fiktion

Offene Fragen:

- Ist ein Text nur dann "wissenschaftlich", wenn er "schwierig" ist, dh wenn die Sprache sehr gehoben ist?

- Sollen viele Fremdwörter eingesetzt werden?

Methode

Verwendung von Untersuchungsmethoden, die den Kriterien der Disziplin entsprechen.

Offene Fragen:

- Welcher Disziplin ist das Studium eEducation zugeordnet und welche sozialwissenschaftlichen bzw. anderen Methoden können hier verwendet werden?

- Müssen Inhalte immer empirisch belegbar sein?

- Braucht ein wissenschaftlicher Text immer eine Hypothese und was ist diese wissenschaftlich gesehen überhaupt (im Gegensatz zu einer Behauptung z.B.)?

Seriöse Quellen

Wissenschaftlich seriöse Quellen können sein:

- Habilitationsarbeit

- Doktorarbeit

- Diplomarbeiten / Masterthesen

- Sonstige Monographie von !einschlägigen Fachgelehrten

- Wissenschaftliche Artikel in anerkannten Fachzeitschriften (auch Vorabversion eines Kongress- oder Zeitschriften-Beitrags)

- Dokumentierte Informationen von !Ämtern und Behörden

Mögliche Prüfkriterien:

- Autor/in: arbeitet der/die Autor/in im Fachgebiet, gibt es weitere Texte zum Thema?

- Umgang mit Quellen: Belegen die AutorInnen alles zu Belegende durch Angabe von Quellen und/oder Sekundärliteratur?

- Kontext: In welchem Zusammhang ist das Werk erschienen?

- Fokussierung: Wird die konkrete Fragestellung in diesem Werk tatsächlich behandelt?

- Verlag: Anerkannter Wissenschaftsverlag?

Offene Fragen:

- Sind Essays wissenschaftliche Texte?

- Sind Weblogs, Newsgroup-Beiträge seriöse Quellen?

- Ist es „wissenschaftlich", Stangl bzw. Wikipedia zu zitieren?

- Können Texte einer !universitären Vorlesung verwendet werden?

- Muss verwendete Literatur immer aktuell sein?

Richtiges Zitieren

Zitate dienen der Untermauerung von Argumenten

<u>Verwendet werden:</u>

- Direkte Zitate: Unter Anführungszeichen (+ Angabe der genaue Quelle), direkte Zitate bringen das Wesentliche auf den Punkt

- Indirekte Zitate: Der Text wird mit eigenen Worten umgeschrieben, der Inhalt bleibt aber gleich bleibt (+ Angabe der genaue Quelle)

<u>Offene Fragen:</u>

- Sind gedruckte Publikationen seriöser als Onlinetexte?

- Was passiert, wenn der Leser den angegebenen Link nicht mehr findet?

- Was mache ich, wenn ich wichtige Aussagen finde, wo ich die Quelle nicht finden kann? Darf ich diese Texte trotzdem verwenden und wie kann ich dann das Kriterium der Transparenz erfüllen?

Literaturverzeichnis

Umberto Eco (1977). Come si fa una tesi di laurea (dt. Wie man eine wissenschaftliche Abschlußarbeit schreibt. Doktor-, Diplom- und Magisterarbeit in den Geistes- und Sozialwissenschaften, übersetzt von Walter Schick, C. F. Müller, Heidelberg 1989)

Eric Hultsch (2007). BACHELOR-BEGLEITSEMINAR Skriptum zur Lehrveranstaltung im WS 2007/08. Pädagogische Hochschule Steiermark. [online] http://i1.phst.at/fileadmin/i1/ws07_08/sonstiges/studienscript_bachelorarbeit_03_2008.pdf (abgerufen am 15.12.2009)

Patrias, Karen (2007). Citing medicine: the NLM style guide for authors, editors, and publishers [online]. 2nd ed. Wendling, Daniel L., technical editor. Bethesda (MD): National Library of Medicine US 2007. http://www.nlm.nih.gov/citingmedicine abgerufen am 15.12.2009).

Peter H. Karall und Aurelia Weikert, Institut für Kultur- und Sozialanthropologie der Universität Wien (2009). Beurteilung von Quellen. [online] http://www.univie.ac.at/ksa/elearning/cp/schreiben/schreiben-25.html (abgerufen am 13.12.2009)

Dr. Heinrich C. Kuhn (2005). Suchen, Finden, Gelesenwerden: Einführung in das wissenschaftliche Informationswesen und Arbeiten. Teil 6: Umgang mit Internet-Quellen [online] http://www.phil-hum-ren.uni-muenchen.de/LV/hckKurs05s/T06INurt.htm (abgerufen am 17.12.2009)

Wilhelm H. Peterßen (1996). Wissenschaftliche(s) Arbeiten. Eine Einführung für Schüler und Studenten. München, Ehrenwirth 1996.

Arbeitsauftrag 1 – Aktivierung des Vorverständnisses